共建创新包容的开放型世界经济

——在首届中国国际进口博览会开幕式上的主旨演讲

（2018 年 11 月 5 日）

习 近 平

人 民 出 版 社

共建创新包容的开放型世界经济

——在首届中国国际进口博览会开幕式上的主旨演讲

（2018 年 11 月 5 日）

中华人民共和国主席　习近平

尊敬的各位国家元首、政府首脑、王室代表，

尊敬的各位国际组织负责人，

尊敬的各代表团团长，

各位来宾，

女士们，先生们，朋友们：

2017 年 5 月，我宣布中国将从 2018 年起举办中国国际进口博览会。经过一年多筹备，在各方大力支持下，现在，首届中国国际进口博览会正式开幕了！

首先，我谨代表中国政府和中国人民，并以我个人的名义，对各位嘉宾的到来，表示热烈的欢迎！对来自五大洲的各方朋友，致以诚挚的问候和良好的祝愿！

中国国际进口博览会，是迄今为止世界上第一个以进口为主题的国家级展会，是国际贸易发展史上一大创举。举办中国国际进口博览会，是中国着眼于推动新一轮高水平对外开放作出的重大决策，是中国主动向世界开放市场的重大举措。这体现了中国支持多边贸易体制、推动发展自由贸易的一贯立场，是中国推动建设开放型世界经济、支持经济全球化的实际行动。

这届进口博览会以"新时代，共享未来"为主题，就是要欢迎各国朋友，把握新时代中国发展机遇，深化国际经贸合作，实现共同繁荣进步。共有 172 个国家、地区和国际组织参会，3600 多家企业参展，展览总面积达 30 万平方米，超过 40 万名境内外采购商到会洽谈采购。

我衷心希望，参会参展的各国朋友都能广结良缘、满载而归!

女士们、先生们、朋友们!

当今世界正在经历新一轮大发展大变革大调整，各国经济社会发展联系日益密切，全球治理体系和国际秩序变革加速推进。同时，世界经济深刻调整，保护主义、单边主义抬头，经济全球化遭遇波折，多边主义和自由贸易体制受到冲击，不稳定不确定因素依然很多,风险挑战加剧。这就需要我们从纷繁复杂的局势中把握规律、认清大势,坚定开放合作信心,共同应对风险挑战。

世界上的有识之士都认识到,经济全球化是不可逆转的历史大势,为世界经济发展提供了强劲动力。说其是历史大势,就是其发展是不依人的意志为转移的。人类可以认识、顺应、运用历史规律,但无法阻止历史规律发生作用。历史大势必将浩荡前行。

回顾历史,开放合作是增强国际经贸活力的重要动力。立足当今,开放合作是推动世界经济稳定复苏的现实要求。放眼未来,开放合作是促进人类社会不断进步的时代要求。

大道至简,实干为要。面对世界经济格局的深刻变化,为了共同建设一个更加美好的世界,各国都应该拿出更大勇气,积极推动开放合作,实现共同发展。

——各国应该坚持开放融通,拓展互利合作空间。开放带来进步,封闭必然落后。国际贸易和投资等经贸往来,植根于各国优势互补、互通有无的需要。纵观国际经贸发展史,深刻验证了"相通则共进,相闭则各退"的规律。各国削减壁垒、扩大开放,国际经贸就能打通血脉;如果以邻为壑、孤立封闭,国际经贸就会气滞血瘀,世界经济也难以健康发展。各国应该坚持开放的政策取向,旗帜鲜明反对保护主义、单边主义,提升多边和双边开放水平,推动各国经济联动融通,共同建设开放型世界经济。各国应该加强宏观经济政策协调,减少负面外溢效应,合力促进世界经济增长。各国应该推动构建公正、合理、透明的国际经贸规则体系,推进贸易和投资自由化便利化,促进全球经济进一步开放、交流、融合。

——各国应该坚持创新引领,加快新旧动能转换。创新是第一动力。只有敢于创新、勇于变革,才能突破世界经济发展瓶颈。世界经济刚刚走出国际金融危机阴影,回升态势尚不稳固,迫切需要各国共同推动科技创新、培育新的增长点。造福人类是科技创新最强大的动力。在休戚与共的地球村,共享创新成果,是国际社会的一致呼声和现实选择。各国应该把握新一轮科技革命和产业变革带来的机遇,加强数字经济、人工智能、纳米技术等前沿领域合作,共同打造新技术、新产业、新业态、新模式。

——各国应该坚持包容普惠,推动各国共同发展。"一花独放不是春,百花齐放春满园。"追求幸福生活是各国人民共同愿望。人类社会要持续进步,各国就应该坚持要开放不要封闭,要合作不要对抗,要共赢不要独占。在经济全球化深入发展的今天,弱肉强食、赢者通吃是一条越走越窄的死胡同,包容普惠、互利共赢才是越走越宽的人间正道。各国应该超越差异和分歧,发挥各自优势,推动包容发展,携手应对全人类共同面临的风险和挑战,落实2030年可持续发展议程,减少全球发展不平衡,推动经济全球化朝着更加开放、包容、普惠、平衡、共赢的方向发展,让各国人民共享经济全球化和世界经济增长成果。

女士们、先生们、朋友们!

改革开放40年来,中国人民自力更生、发愤图强、砥砺前行,依靠自己的辛勤和汗水书写了国家和民族发展的壮丽史诗。同时,中国坚持打开国门搞建设,实现了从封闭半封闭到全方位开放的伟大历史转折。开放已经成为当代中国的鲜明标识。中国不断扩大对外开放,不仅发展了自己,也造福了世界。

今年4月,我在博鳌亚洲论坛年会开幕式上说过,过去40年中国经济发展是在开放条件下取得的,未来中国经济实现高质量发展也必须在更加开放的条件下进行。我多次强调,中国开放的大门不会关闭,只会越开越大。中国推动更高水平开放的脚步不会停滞!中国推动建设开放型世界经济的脚步不会停滞！中国推动构建人类命运共同体的脚步不会停滞！

中国将坚定不移奉行互利共赢的开放战略，实行高水平的贸易和投资自由化便利化政策，推动形成陆海内外联动、东西双向互济的开放格局。中国将始终是全球共同开放的重要推动者，中国将始终是世界经济增长的稳定动力源，中国将始终是各国拓展商机的活力大市场，中国将始终是全球治理改革的积极贡献者！

为进一步扩大开放，中国将在以下几方面加大推进力度。

第一，激发进口潜力。中国主动扩大进口，不是权宜之计，而是面向世界、面向未来、促进共同发展的长远考量。中国将顺应国内消费升级趋势，采取更加积极有效的政策措施，促进居民收入增加、消费能力增强，培育中高端消费新增长点，持续释放国内市场潜力，扩大进口空间。中国将进一步降低关税，提升通关便利化水平，削减进口环节制度性成本，加快跨境电子商务等新业态新模式发展。中国有13亿多人口的大市场，中国真诚向各国开放市场，中国国际进口博览会不仅要年年办下去，而且要办出水平、办出成效、越办越好。

第二,持续放宽市场准入。4月份我宣布的放宽市场准入各项举措,目前已基本落地。中国已经进一步精简了外商投资准入负面清单,减少投资限制,提升投资自由化水平。中国正在稳步扩大金融业开放,持续推进服务业开放,深化农业、采矿业、制造业开放,加快电信、教育、医疗、文化等领域开放进程,特别是外国投资者关注、国内市场缺口较大的教育、医疗等领域也将放宽外资股比限制。预计未来15年,中国进口商品和服务将分别超过30万亿美元和10万亿美元。

第三,营造国际一流营商环境。中国将加快出台外商投资法规,完善公开、透明的涉外法律体系,全面深入实施准入前国民待遇加负面清单管理制度。中国将尊重国际营商惯例,对在中国境内注册的各类企业一视同仁、平等对待。中国将保护外资企业合法权益,坚决依法惩处侵犯外商合法权益特别是侵犯知识产权行为,提高知识产权审查质量和审查效率,引入惩罚性赔偿制度,显著提高违法成本。营商环境只有更好,没有最好。各国都应该努力改进自己的营商环境,解决自身存在的问题,不能总是粉饰自己、指责他人,不能像手电筒那样只照他人、不照自己。

第四,打造对外开放新高地。中国将支持自由贸易试验区深化改革创新,持续深化差别化探索,加大压力测试,发挥自由贸易试验区改革开放试验田作用。中国将抓紧研究提出海南分步骤、分阶段建设自由贸易港政策和制度体系,加快探索建设中国特色自由贸易港进程。这是中国扩大对外开放的重大举措,将带动形成更高层次改革开放新格局。

第五,推动多边和双边合作深入发展。中国一贯主张,坚定维护世界贸易组织规则,支持对世界贸易组织进行必要改革,共同捍卫多边贸易体制。中国愿推动早日达成区域全面经济伙伴关系协定,加快推进中欧投资协定谈判,加快中日韩自由贸易区谈判进程。中国将认真实施 2018 年中非合作论坛北京峰会提出的"八大行动"。中国支持二十国集团、亚太经合组织、上海合作组织、金砖国家等机制发挥更大作用,推动全球经济治理体系朝着更加公正合理的方向发展。中国将继续推进共建"一带一路",坚持共商共建共享,同相关国家一道推进重大项目建设,搭建更多贸易促进平台,鼓励更多有实力、信誉好的中国企业到沿线国家开展投资合作,深化生态、科技、文化、民生等各领域交流合作,为全球提供开放合作的国际平台。

女士们、先生们、朋友们!

当前,中国经济运行总体平稳、稳中有进。前三季度,中国国内生产总值增长6.7%,其中第三季度增长6.5%,符合预期目标。全年粮食产量可望保持在1.2万亿斤以上。城镇新增就业1107万人,提前完成全年目标。从经济增长、就业、物价、国际收支、企业利润、财政收入、劳动生产率等主要指标看,中国经济运行都处于合理区间,为实现全年目标任务打下了重要基础。同其他主要经济体相比,中国经济增长仍居世界前列。

对中国经济发展前景,大家完全可以抱着乐观态度。中国经济发展健康稳定的基本面没有改变,支撑高质量发展的生产要素条件没有改变,长期稳中向好的总体势头没有改变。中国宏观调控能力不断增强,全面深化改革不断释放发展动力。随着共建"一带一路"扎实推进,中国同"一带一路"沿线国家的投资和贸易合作加快推进。中国具有保持经济长期健康稳定发展的诸多有利条件。

当然,任何事物都有其两面,在当前国际国内经济形势下,中国经济发展也遇到了一些突出矛盾和问题,一些领域不确定性有所上升,一些企业经营困难增多,一些领域风险挑战增大。总体看，这些都是前进中遇到的问题，我们正在采取措施积极加以解决，成效已经或正在显现出来。

中国是世界第二大经济体，有13亿多人口的大市场，有960多万平方公里的国土，中国经济是一片大海，而不是一个小池塘。大海有风平浪静之时，也有风狂雨骤之时。没有风狂雨骤，那就不是大海了。狂风骤雨可以掀翻小池塘，但不能掀翻大海。经历了无数次狂风骤雨，大海依旧在那儿！经历了5000多年的艰难困苦，中国依旧在这儿！面向未来，中国将永远在这儿！

我相信，只要我们保持战略定力，全面深化改革开放，深化供给侧结构性改革，下大气力解决存在的突出矛盾和问题，中国经济就一定能加快转入高质量发展轨道，中国人民就一定能战胜前进道路上的一切困难挑战，中国就一定能迎来更加光明的发展前景。

女士们、先生们、朋友们！

一座城市有一座城市的品格。上海背靠长江水，面向太平洋，长期领中国开放风气之先。上海之所以发展得这么好，同其开放品格、开放优势、开放作为紧密相连。我曾经在上海工作过,切身感受到开放之于上海、上海开放之于中国的重要性。开放、创新、包容已成为上海最鲜明的品格。这种品格是新时代中国发展进步的生动写照。

为了更好发挥上海等地区在对外开放中的重要作用,我们决定,**一是**将增设中国上海自由贸易试验区的新片区,鼓励和支持上海在推进投资和贸易自由化便利化方面大胆创新探索,为全国积累更多可复制可推广经验。**二是**将在上海证券交易所设立科创板并试点注册制,支持上海国际金融中心和科技创新中心建设,不断完善资本市场基础制度。**三是**将支持长江三角洲区域一体化发展并上升为国家战略,着力落实新发展理念,构建现代化经济体系,推进更高起点的深化改革和更高层次的对外开放,同"一带一路"建设、京津冀协同发展、长江经济带发展、粤港澳大湾区建设相互配合,完善中国改革开放空间布局。

女士们、先生们、朋友们!

中国国际进口博览会由中国主办,世界贸易组织等多个国际组织和众多国家共同参与,不是中国的独唱,而是各国的大合唱。我希望各位嘉宾在虹桥国际经贸论坛上深入探讨全球经济治理体系改革新思路,共同维护自由贸易和多边贸易体制,共建创新包容的开放型世界经济,向着构建人类命运共同体目标不懈奋进,开创人类更加美好的未来!

　　谢谢大家。

图书在版编目(CIP)数据

共建创新包容的开放型世界经济:在首届中国国际进口博览会
　开幕式上的主旨演讲/习近平 著. —北京:人民出版社,2018.11
ISBN 978-7-01-020054-5

Ⅰ.①共… Ⅱ.①习… Ⅲ.①习近平-讲话-学习参考资料②世界
经济-经济发展-研究 Ⅳ.①D2-0②F113.4

中国版本图书馆 CIP 数据核字(2018)第 254338 号
(RMC-ZJDXI-068-20181105)

共建创新包容的开放型世界经济

GONGJIAN CHUANGXIN BAORONG DE KAIFANGXING SHIJIE JINGJI

——在首届中国国际进口博览会开幕式上的主旨演讲

(2018 年 11 月 5 日)

习 近 平

人民出版社 出版发行
(100706　北京市东城区隆福寺街 99 号)

北京新华印刷有限公司印刷　新华书店经销

2018 年 11 月第 1 版　2018 年 11 月北京第 2 次印刷
开本:880 毫米×1230 毫米 1/32　印张:0.5
字数:8 千字　印数:10,001-50,000 册

ISBN 978-7-01-020054-5　定价:2.00 元

邮购地址 100706　北京市东城区隆福寺街 99 号
人民东方图书销售中心　电话 (010)65250042　65289539